# MACANAZ Y ALDECOA

# CARMEN MARTÍN GAITE

# MACANAZ Y ALDECOA

Dos interlocutores

EN **DEBATE**

Papel certificado por el Forest Stewardship Council®

Primera edición: marzo de 2025

*Printed in Spain* – Impreso en España

ISBN: 978-84-10433-45-8
Depósito legal: B-772-2025

Compuesto en La Nueva Edimac, S. L.
Impreso en Huertas Industrias Gráficas, S. A.
Fuenlabrada (Madrid)

C 4 3 3 4 5 8

# Índice

# Nota del editor
# Dos textos para un centenario

Carmen Martín Gaite nació en Salamanca el 8 de diciembre de 1925, segunda hija de José Martín, un notario de ideas liberales, y María Gaite, descendiente de una familia gallega ilustrada: su abuelo había sido catedrático de Geografía y su tío abuelo fundador del Ateneo de Orense, y director y editor del periódico *El Orensano*. En Salamanca Martín Gaite estudió el Bachillerato y en esa universidad se licenció en 1949 en Filosofía y Letras con Premio Extraordinario. Aunque quizá lo más importante que sacó de las aulas salmantinas fue la amistad con Ignacio Aldecoa y Agustín García Calvo, que retomó en Madrid cuando fue a hacer su doctorado. De su mano entró de cabeza a un grupo de amigos que habían de marcar la literatura española de la segunda mitad del siglo xx. El resto es historia.

Autora clave del siglo xx español, reconocida desde el principio de su carrera (su primer libro le granjeó el Premio Café Gijón; el segundo, el Nadal y el tercero fue finalista del Biblioteca Breve) y ganadora del Premio Nacional de Literatura, del Premio de la Crítica y del Príncipe de Asturias de las Letras, Carmen Martín Gaite obtuvo en vida, sobre todo a partir de los años ochenta, el cariño y la admiración de una legión de lectores, que todos los veranos cumplían el rito de convertir sus firmas en el parque del Retiro en las más multitudinarias de la Feria del Libro de Madrid. La carpa central de esa feria llevó su nombre hasta hace pocos años, y de hecho su memoria, aunque difusa, ha seguido muy presente, aún más en los últimos años, cuando su ejemplo ha sido reivindicado por una generación de escritoras más jóvenes sin tantas referentes a mano. Nada le hubiera horrorizado más que la solemnidad de un centenario, pero el tiempo no perdona, y al menos permite centrar la atención en su obra.

Si bien empezó y terminó publicando novelas como *El balneario* (1954), *Entre visillos* (1957), *Ritmo lento* (1962), *Nubosidad variable* (1992), *Lo raro es vivir* (1994), *La reina de las nieves* (1996) o *Irse de casa* (1998), entre medias Martín Gaite escribió varias obras indefinibles como *El cuarto de atrás* (1978) o *El cuento de nunca acabar* (1983); varios ensayos deslumbrantes como *Usos amorosos del dieciocho en España*, *El proceso de Macanaz* o *Usos amorosos de la posguerra española*; y varias obras infantiles, como *El castillo de las tres murallas*, *El pastel del diablo* y la exitosísima *Caperucita en Manhattan*, protagonizada por esa inolvidable Miss Lunatic que tanto tenía de ella misma.

Más difícil es encontrar textos directamente autobiográficos. Ya sea por la temprana muerte de varios de sus más destacados miembros (Ignacio Aldecoa a los cuarenta y cuatro años, Jesús Fernández Santos a los sesenta y uno, Juan García Hortelano a los sesenta y cuatro, Juan Benet y Claudio Rodríguez a los sesenta y cinco) o por cierto desinterés por lo personal frente a lo colectivo, ese grupo de escritores nacido en vísperas de la Guerra Civil no se prodigó en ejercicios memorialísticos. Hay excepciones, claro: el prodigioso *Otoño en Madrid hacia 1950* de Benet o *La forja de un plumífero* de Ferlosio. Pero para el peso que tenía en sus obras la voz, además de la mirada, es una ausencia llamativa.

Donde probablemente mejor se manifiesten la voz y la mirada de Carmen Martín Gaite sea en una obra en apariencia menor, los artículos recogidos en *La búsqueda de interlocutor*, ya que la mirada se posa en cuestiones abarcables en el breve espacio que marcan las «cajas vacías» de las publicaciones periódicas, como las llamaba Rafael Sánchez Ferlosio, y la voz se adecúa a ese objeto.

Los dos textos que presentamos a modo de homenaje provienen de ese libro: son quizá los más personales. Son dos historias de amor y amistad, una con un amigo de adolescencia y juventud, «el amigo más antiguo que me quedaba en Madrid», cuya temprana y repentina muerte movió a Martín Gaite a poner orden en unos «recuerdos que parecía aún temprano para revisar». Es un artículo de 1969, que termina sin poder ocultar su sorpresa al constatar que la memoria personal teñida de nostalgia se está convirtiendo en algo más serio: «los años cuarenta y cincuenta, lo queramos o no, empiezan a ser historia». Leído en 2025, cuando comienza la vorágine de centenarios de esa generación (Aldecoa y Martín Gaite en el mismo 25, Ferlosio en el 26, Benet en el 27, Hortelano en el 28), el efecto es el de un plano secuencia que arranca adolescente y alegre en la barandilla de piedra del palacio de Anaya, en la Universidad de Salamanca, y termina con la congoja de la mediana edad veinticinco años más tarde, en la biblioteca del Ateneo de Madrid o en el piso de Doctor Esquerdo donde probablemente fue escrito. Y es, en buena medida, la historia de cómo se decanta una vocación literaria y descarrila una potencial carrera universitaria gracias a las mejores malas compañías (cuando la madre de Aldecoa descubre que Carmen también se va a casar con un escritor solo replica «Ay, pobre»).

La otra cuenta una relación quizá inversa: si Ignacio Aldecoa y el mundo madrileño al que llegó a través suyo enterraron su vocación académica, la fascinación que le produjo la figura de Macanaz, «ese grafómano de pluma descuidada» bajo cuyo embrujo quedó atrapada, la condujo al mundo de los archivos, a hacerse socia del Archivo Histórico Nacional «en lo alto de la calle de Serrano» y al de Simancas, cuya primera visita fue para Martín Gaite «un acontecimiento decisivo para afianzar nuestras relaciones». Las suyas con Macanaz, claro, porque en efecto, como queda patente en el texto, era una auténtica relación lo que existía, igual que las que se establecen con algunas personas con las que se comparte muy poco, amistades que vistas desde la distancia parecen no tener sentido. Macanaz se convirtió en uno de esos amigos a los que no se sabe por qué no dejamos de lado.

«No contestar a Macanaz» era la anotación con que despachaba la corte el torrente de cartas que Macanaz, inasequible al desaliento, enviaba. Y quizá ahí, en ese «no contestar», esté la clave de la fascinación, pues Carmen Martín Gaite, Calila, Carmiña, se pasó la vida buscando interlocutores, encontrándolos y perdiéndolos, y para alguien así no cabe idea más cruel que no contestar. En Macanaz y Aldecoa encontró dos de los mejores corresponsales que pudo imaginar. La pérdida de uno y el hallazgo de otro dieron pie a estos ensayos. Ojalá estos dos textos den una idea especular de quién estaba al otro lado.

# En el centenario de don Melchor de Macanaz (1670-1760)

Mis relaciones con Macanaz se iniciaron hace exactamente ocho años. Su nombre, ya entonces, no me resultaba completamente desconocido, pero lo tenía relegado a esos confusos desvanes donde ha ido amontonando la memoria toda suerte de nombres y de rostros que se oyeron o vieron un día fugazmente, quién sabe, en el café, en casa de alguien, durante algún viaje; imágenes descabaladas, irrelevantes, sin clasificar. Pensé: «¿De qué me suena?», y recuerdo que tuve que interrumpir la lectura que me lo había traído nuevamente a colación, porque el mosconeo de aquella tácita pregunta llegó a producirme un malestar que me impedía seguir leyendo. Hasta que, por fin, me acordé. Claro, ya estaba, cómo no se me habría ocurrido antes: don Marcelino. En su *Historia de los heterodoxos españoles* están todos los sospechosos, no se le ha escapado ni uno. De ese libro exhaustivo había pasado el nombre de Macanaz a mi memoria, y allí yacía revuelto con el de los demás heterodoxos de todos los tiempos, engrosando la lista minuciosa de aquellos condenados a quienes el autor fulmina con sus diatribas implacables, encendidas de celo, cargadas de razón; aquel nombre me sonaba a epitafio, un epitafio sin relieve entre cientos de epitafios.

Ahora, en cambio, en mi primer encuentro propiamente dicho con Macanaz, me nacía, a través del nuevo libro que había caído en mis manos, un interés deliberado y concreto hacia la persona de aquel burgués de Hellín, nacido en 1670, hijo del regidor de la villa, estudiante de leyes en Salamanca por los últimos años del siglo XVII, pasando estrecheces, pululando, poco después, entre los jurisconsultos deseosos de abrirse camino en la corte y de incorporarse a las tareas gubernamentales que en las postrimerías del reinado de Carlos II andaban tan a la deriva, y definitivamente vinculado a ellas al advenimiento de la nueva dinastía mediante el nombramiento de fiscal del Consejo de Castilla con que premió Felipe V su lealtad a la causa borbónica y sus méritos de jurista, favor, por cierto, al que él correspondió con una constante fidelidad a los Borbones, tan duradera como su larga vida. Pero este encumbramiento, fulminante y breve, se remató y expió con una larga etapa de desgracia. Desde 1715, fecha en que –a la vista del sesgo que tomaban las cosas después de las nuevas nupcias del rey– Macanaz creyó oportuno exilarse, hasta 1760, fecha de su muerte, tuvo abierto un proceso que le siguió la Inquisición y que arruinó para siempre su carrera y su fama, sin que Felipe V se atreviera a tomar ninguna medida definitiva en favor y defensa de quien, precisamente por defender apasionadamente sus derechos, había topado con el Santo Oficio. Dejé de leer; estaba yo por entonces enterada más bien superficialmente de la historia de España, y precisamente para ir cubriendo lagunas había iniciado, como simple aficionada, una serie de lecturas sobre el siglo XVIII. Aquellas noticias me producían mucha perplejidad. ¿Podía ser? ¿La Inquisición no era un tribunal que dependía de los reyes? ¿Qué les impedía mandar en él? De aquel relato se desprendía que Felipe V era partidario de las medidas tomadas por Macanaz en el desempeño de su breve ministerio, que incluso se las había sugerido él. ¿Pues por qué no lo sostuvo cuando cayó en desgracia con la Inquisición? ¿Hasta qué punto dependía este tribunal del control del rey y hasta qué punto le infundía miedo?

Pero, además de este tropel de preguntas, que en ese mismo momento empezaron a rondarme y que he tardado tantos años en aclarar, otra consideración mucho más elemental daba un aldabonazo a mi atención, despertándome un primer conato de afecto hacia aquel pobre jurista provinciano a quien hacían purgar su fidelidad con la desgracia, y era la consideración de lo que había durado tal desgracia: exactamente la mitad de su vida. Había echado la cuenta, mirando al techo, como es mi costumbre, y el resultado del cálculo era aquel, en efecto. Cuarenta y cinco años tenía Macanaz cuando, en 1715, salió de España seguro de que el rey le respaldaba y de que ello había de ser garantía más que suficiente para poder volver a los pocos meses rehabilitado en su fama. Otros cuarenta y cinco justos y cabales habrían de transcurrir hasta que Carlos III, el primer rey que ya al subir al trono español venía acostumbrado a mandar y a saber lo que mandaba, diese, entre las primeras órdenes con que inició su reinado y que le honran, la de que fuera sacado de una mazmorra de La Coruña (donde, por mandato de Fernando VI, se pudría desde 1748) aquel nonagenario don Melchor de Macanaz, oscuro precursor de los ministros ilustrados que ya por entonces estaban bullendo, y el cual pudo así, en virtud de esta última y elemental clemencia, cruzar la Península de un extremo a otro para entregar su alma en el pueblo que le vio abrir los ojos, tan fatigados ya, que apenas si le servían para distinguir los bultos. Llegado a Hellín, falleció, en efecto, pocos meses después, el 5 de diciembre de 1760, sin el consuelo de ver sobreseído su proceso. Todo esto, más o menos, contaba en aquel libro, sumariamente, antes de pasar a otras cuestiones. ¿Podría ser verdad? Recuerdo que era una tarde de otoño y que estaba sentada, como hoy, en un pupitre de la biblioteca del Ateneo. «Son cosas que han pasado hace tanto tiempo –decía en mi subconsciente esa voz que siempre tiende a zanjar las cuestiones espinosas y a desanimarnos de hurgar en ellas más profundamente–. Cualquiera sabe si sería del todo verdad o en parte mentira. Injusticias siempre las ha habido, y, al fin y al cabo, para una información de lo que le pasó a Macanaz tienes más que de sobra. Si quisiera uno enterarse con detalle de la historia de cada uno de los españoles perseguidos por hache o por be, no acabaríamos nunca. No te calientes más la cabeza; déjalo, sigue leyendo». Pero no podía seguir leyendo. Me había quedado mirando fijamente a la claraboya de cristales un poco sucios que forman el techo de esta sala y donde mis ojos han buscado posada tantas veces en las pausas o en los nudos de mis lecturas. Es la misma claraboya que estoy mirando ahora, y el libro que tenía aquel día abierto sobre el pupitre, hoy lo he vuelto a pedir, como si quisiera conmemorar el centenario de Macanaz evocando el primer encuentro que tuve con él. Es la *Historia del reinado de Carlos III*, de un académico del siglo XIX, don Antonio Ferrer del Río. En la introducción, al pasar revista a los precursores del pensamiento ilustrado, es donde habla de Macanaz, dos generaciones anterior a Floridablanca, Aranda y Campomanes, y dice que fue un agente decisivo para roturar el camino que había de facilitar la futura labor de estos ministros, aun cuando sus empeños, que pagó tan caros, quedaran ignorados para la posteridad, sepultados bajo la tierra que la Inquisición echara sobre su causa. «Tan injusta causa –concluye textualmente– no pasó de los principios ni llegó a sobreseimiento, ni fue otra cosa que un trampantojo para que aquel ilustre varón no se rehabilitara nunca, pues la Inquisición española, fomentando las delaciones y dando asenso a las sospechas vagas, procuró siempre inutilizar a las personas de más valía, todo por mantener la prepotencia». Aun cuando este estilo ampuloso y decimonónico aconseje poner en tela de juicio la objetividad de aquellas afirmaciones, las incógnitas que el autor dejaba planteadas en pie seguían. Miré la fecha de impresión del libro: 1856. «Bueno –pensé–, ya ha pasado más de un siglo desde que Ferrer del Río lanzara este cebo a los estudiosos; seguro que, al cabo de tanto tiempo, tienen que haberse publicado varios trabajos que aclaren el asunto de Macanaz. Ya buscaré bibliografía». Y, por aquel día, pasó así la cosa. Pero mi interés por acercarme a conocer más de cerca a aquel hombre quedaba claramente determinado.

+++

Si uno pensase en los insospechados berenjenales donde nos acaba metiendo casi siempre nuestra curiosidad por las personas y se conservase alerta de una vez para otra el miedo a las múltiples complicaciones que suelen derivarse de nuestro trato con los demás, posiblemente cerraríamos la puerta a todo nuevo conocimiento y casi estoy por decir que llegaríamos a no salir más de casa. Pero, afortunadamente, cuando surge de nuevo el interés por conocer a alguien, y más si se trata de una persona enigmática o contradictoria, se atiende tan solo a satisfacer la curiosidad en ciernes, y el nuevo aliciente que ello significa hace más fuerza en nuestro ánimo que los posibles recelos. Lo que yo no calculaba es que con los muertos ocurre exactamente igual que con los vivos.

No encontré bibliografía directa sobre Macanaz. No existía. Un amigo, interesado en asuntos del siglo XVIII, me aconsejó que leyese relaciones del tiempo, porque las versiones de los contemporáneos de Macanaz, enterados sin duda alguna de su caso, podrían darme pistas valederas. Me pareció buena idea. No tenía yo, por entonces, ningún trabajo definido entre manos y estaba un poco decepcionada de la literatura que me había dejado, no sé por qué, de interesar. Todas las historias de ficción que leía o intentaba escribir me parecían repetidas, me aburrían. Contrastando con aquella saturación, la idea de asomarme a la vida de un personaje que se había paseado de verdad por la calle de Atocha, y al mismo tiempo estaba tan olvidado e inédito, me producía una emoción secreta y reconfortante. Me gustaba sobre todo que nadie me lo hubiera presentado ni recomendado, que el interés hubiera surgido mediante un encuentro personal. Empecé por dos buenos historiadores españoles del reinado de Felipe V, poco conocidos: el marqués de San Felipe y el padre Belando, ambos contemporáneos de Macanaz y que, efectivamente, hablaban bastante de él. Pero la primera complicación se configuró enseguida. Aunque hablaban de él, hablaban también de otras muchas cosas que yo no sabía y que allí quedaban explicadas solamente a medias, cuando no apenas sugeridas. Tardé mucho en leer aquellos libros, que, como es natural, me remitieron a otros. No voy a reproducir semejante itinerario que ni recuerdo con exactitud ni a nadie interesaría. El caso es que, al cabo de un año, me vi metida en una maraña cada vez más apasionante y difícil de desentrañar. Mi interés por Macanaz no había disminuido, sino todo lo contrario, pero sabía, además, que enterarme aisladamente de lo que le había pasado a él era imposible, que no valía de nada si no entendía al mismo tiempo, con algún pormenor, lo que estaba pasando en la economía, en las costumbres y en el gobierno de España al advenimiento de la dinastía borbónica; si no me asomaba, por lo tanto, también un poco a la vida de determinados nobles, economistas, confesores, obispos, militares e inquisidores cuyos nombres salían siempre enredados con el de Macanaz; vidas de gente que él me iba presentando: el papa Clemente XI, la princesa de los Ursinos, el cardenal Del Giudice, el marqués de Villena, Julio Alberoni, las dos esposas sucesivas del rey y sobre todo el propio rey Felipe V, cuyas alteraciones de humor condicionaban el sesgo de toda la política española. Comprendí que, también en esto, ocurre con los muertos como con los vivos, que es vicioso interesarse solamente por una persona en la vida, cerrándose a otras amistades, y que una historia particular, sin referirla a sus continuas interferencias con las de los demás, ni se entiende ni significa nada en absoluto. Pero estaba asustada. Tenía que enterarme de tantas cosas que no sabía si seguir o pararme. Me daba cuenta del riesgo que corría de perder pie.

Empecé a hablarles de Macanaz a mis amigos. Creo que, en el fondo, me movía a hacerlo la secreta esperanza de que alguien, si no una orientación para aquella pesquisa, me diese, al menos, ánimos para mantenerme en ella, aguantando sus etapas de punto muerto. Aquel asunto pendiente había llegado a convertirse, de hecho, en mi obsesión fundamental, me intranquilizaba y no me dejaba ocuparme de otra cosa. «Macanaz es un muerto que no tiene buitre –me aseguró un día otro amigo que está muy al tanto de la bibliografía reciente–. Te puedes dedicar a él a fondo y con total libertad. No se ha atrevido nunca nadie con ese muerto. No sé por qué habrá sido». Aquella frase me picó el amor propio y, sobre todo, me hizo comprender que tenía que tomar alguna determinación. Ya llevaba demasiado tiempo metida en unas relaciones que no pasaban de ser superficiales, que no rebasaban el tira y afloja; más de un año rondando aquella vida, pero sin quererme dejar comprometer por ella, sin permitir que incidiera por entero en la mía. Había llegado el momento de elegir entre coger el toro por los cuernos o abandonar.

A los pocos días (creo que era a principios del año 1964), llevé a cabo los papeleos precisos y, sin encomendarme a Dios ni al diablo, me hice socia del Archivo Histórico Nacional, que está en lo alto de la calle de Serrano. Recuerdo el encogimiento con que entré por primera vez en aquel local silencioso y amplio, y cómo levantaron los ojos de sus respectivos cartapacios los seis o siete investigadores diseminados por las mesas. Yo no había manejado legajos en toda mi vida ni tenía la menor idea de cómo se trabaja en un archivo; soy licenciada en Filología Románica y mis intereses habían ido siempre por el ramo de la literatura. Pero pensaba que aquello era un incidente pasajero, que es posible meterse en un archivo y luego salir de él cuando se quiere, que uno mismo y nadie más es quien elige y acota lo que va a ir viendo allí, quien lo busca y manda en ello. O, para ser más exactos, ni siquiera pensaba deliberadamente en esto, aunque lo diese por supuesto. Lo único que sabía es que tenía muchas ganas de ver la letra de Macanaz.

Hay que reconocer que, en cuanto a satisfacer este deseo, «mi muerto» –como lo empecé a llamar– me dio cumplidamente por el gusto. Tanto en aquel archivo como en los demás que visité a lo largo de cinco años, su caligrafía, que ha llegado a serme tan familiar y reconocible como la de mis mejores amigos, esa letra suya menuda, rápida y enmarañada de bucles, dispuesta en renglones algo torcidos y muy cercanos los unos de los otros, me salió al paso generosamente. Estaba deseando salirle al paso a alguien, eso se notaba enseguida, harta de olvido y sueño. Era un sueño evidentemente forzado el que habían dormido en las secretarías de Estado, en los despachos del Santo Oficio y en carpetas privadas aquellos rimeros de cartas, memoriales, avisos y apuntes del puño y letra de Macanaz, que la marea del tiempo había terminado depositando al azar en estos postreros estantes de donde un empleado con guardapolvo los sacaba para traérmelos a la mesa un ratito. ¡Cuánto escribió en su vida don Melchor de Macanaz! Cartas y más cartas a ministros en candelero, a purpurados romanos, a amigos perdidos, a confesores del rey y de la reina, a hermanos y sobrinos que dejó en la provincia o en Madrid, cartas farragosas y justificatorias desde distintos tiempos y países, recalcando las razones que le habían asistido para obrar de una determinada manera, echando mano de todas sus triquiñuelas de jurista para abogar por una causa que, desaparecido él de la escena política española, amenazaba con naufragar en el olvido.

Y también cartas de antes de caer en desgracia, porque incluso cuando podía brujulear por las antesalas de palacio y codearse con los ministros aprovechaba la más leve ocasión para encerrarse en su casa y ponerse a escribir a unos y a otros, deprisa, a vuela pluma y –conviene dejarlo sentado de antemano– bastante mal. Eso era lo raro, que a mí, que ni entiendo nada de cuestiones jurídicas ni aguanto a los escritores mediocres, me hubiesen cautivado las retahílas de aquel grafómano de pluma descuidada. Pero era así. A medida que iba vislumbrando debilidades y claroscuros en su carácter, me aficionaba más a él. Continuamente tenía que rectificar mis opiniones provisionales acerca de su personalidad, era como un dibujo a punto de perfilarse, pero que inmediatamente se desenfocaba y diluía. Empezaba a sospechar, por ejemplo, que era mentiroso, egocéntrico, ambicioso, incapaz de ponderación, excesivo en todo, y al lado de esto fiel, generoso, sobrio, paciente, modesto. Como personaje de transición entre el barroco y el Siglo de las Luces, participó de todos los resabios de la España de finales del XVII, tanto como de los afanes renovadores impuestos por la centuria siguiente. Me atraen las personas inclasificables; nunca me ha gustado zanjar las complejidades de nadie allanándolas mediante ese expediente tan barato de colgarle a cada cual una etiqueta irreversible y fija a la primera ojeada. Pocos tratos podían ser más estimulantes a este respecto que el de aquel polivalente Macanaz, que ya tenía treinta años a la llegada del primer Borbón y que, dada su longevidad, había de alcanzar la llegada del tercero. Pero confieso que a veces me desesperaba y que empecé a comprender que hubiese puesto en fuga a los investigadores. Sus relatos me recordaban esas historias inacabables contadas por viejos o borrachos que no solamente empiezan por donde quieren, sin parar mientes en la ignorancia en que está el interlocutor de todo lo acaecido anteriormente, sino que además van variando según avanzan, porque al hablante se le quiebra el hilo de la memoria y va inventando cosas que borran e invalidan otras que dijo antes. Macanaz contaba los mismos asuntos de una forma distinta según a quién se estuviera dirigiendo, pero esto tardé en darme cuenta de que era intencionado, pues se trataba generalmente de variaciones tan leves que más bien hacían pensar que era uno mismo quien había oído mal. Este caos en que me iban metiendo sus noticias se veía aumentado por el desajuste cronológico que existía entre la fecha de los papeles y el orden de coexistencia en el legajo consultado, de tal manera que de muchas cosas ocurridas más tarde me enteraba antes. Y, sin embargo, a pesar de que no siempre entendiese bien a qué se estaba refiriendo ni si tenían o no actualidad aquellos asuntos que le hacían expresarse con tanta alteración y urgencia, una cosa quedaba clara: él era capaz de contagiarme su pasión, de hacerme compartir la indignación que sentía: no se había secado su protesta al cabo de dos siglos y medio. Me impresionaba notar que, con razón o sin ella, seguía clamando Macanaz, que rompía a clamar apenas se le quitaban las cintas y los cartones a aquel legajo que envolvía sus papeles, era un clamor a voz en cuello el que se levantaba inmediatamente de aquella escritura chiquita y enredosa que parecía alargar hacia mí sus trazos color de sangre, como brazos de un ahogado que pidiera socorro. Luego daba la hora de cerrar la sala de lectura, el empleado volvía a atar el legajo y yo me volvía a casa. A veces, si la pausa entre una de mis visitas al archivo y la siguiente era demasiado larga, me asaltaba de pronto, en medio de mis quehaceres cotidianos, un sentimiento de mala conciencia. Los sucesivos problemas de mi vida, de la de mis amigos, de la actualidad mundial, del tráfico urbano habían llovido sobre el proceso de Macanaz, de la misma manera que llovieron sobre la conciencia de Felipe V tantas nuevas preocupaciones como, a partir de 1715, le hicieron olvidarse de su ministro más fiel. Me daba cuenta de que habían pasado los días e incluso las semanas desde la última vez que estuve a verlo y que lo dejé con la palabra en la boca. Aquellas fundas de cartón y aquellas cintas descoloridas habían sofocado y amordazado nuevamente su palabra terca que no se resignaba a predicar en desierto, dispuesta a revivir en cuanto le dieran pie: otra vez estaba enchiquerado, alineado en una estantería. ¿Iba a ser aquella su sepultura definitiva? ¿Lo iba yo a consentir? Y, de mejor o peor gana, acudía de nuevo a desatarlo, a escucharlo, y durante meses y meses a no enterarme de casi nada.

Mi primer viaje a Simancas, en la primavera del año 1966, fue un acontecimiento decisivo para afianzar nuestras relaciones, que, coincidiendo con desánimos y cansancios personales míos, amenazaban ruptura. Precisamente había decidido aquel viaje con el doble objetivo de descansar en un pueblo solitario y de ponerme una última prueba para saber de una vez si, a mi regreso, tenía que tirar o no a la lumbre aquel puñado de apuntes desordenados acerca de un proceso que me aburría.

En Simancas se guarda casi toda la correspondencia de Macanaz desde el destierro. Encontrármela, en paquetes tan generosos, fue como hallar, cuando se está haciendo un puzle muy difícil, del que solo se tienen los bordes, esas piezas clave del centro que, combinadas, dan la cabeza del gatito o de la gitana comiendo uvas. Las piezas para el borde de mi puzle las había encontrado ya en Madrid, aun cuando aún no las hubiera sabido enlazar todas convenientemente. Eran los edictos, papeles personales, interrogatorios, delaciones espontáneas y cartas que a lo largo de cuarenta y cinco años había logrado recoger la Inquisición como pruebas de la culpabilidad del acusado. También aparecían algunas cartas suyas desde el exilio, pero estrictamente las que deliberadamente se añadían al proceso como nuevos cargos contra él como reo.

En Simancas conocí directamente a este reo del que tanto sabía ya, lo conocí en su exilio, en su vejez. Ya sabía que había pasado hambre y calamidades, que luego Fernando VI, después del congreso de Breda, lo mandó encarcelar, que se encontró muy solo y había llegado a tener la mente un poco perturbada, y conocía los nombres de las ciudades donde vivió en el extranjero. Pero ahora lo conocía allí, en esos sitios, le sentía envejecer, agarrado a su tozudez oratoria, atrincherado en sus ideas fijas, percibía su ruina progresiva, el deterioro gradual de su letra, su desvinculación con la realidad, me daba cuenta –y él no– de que en Madrid su nombre ya no era más que una reliquia del pasado. Y me conmovía su terquedad. Mientras en un guardamuebles de Madrid se amontonaban sus libros, ropas, joyas, enseres y cuadros, requisados por la Inquisición en 1715 y sometidos desde entonces al estrago de la humedad, el tiempo y la polilla, inventariados meticulosamente cada diez años para ver lo que se había echado a perder y lo que no, él imploraba a la corte de Madrid un mínimo socorro pecuniario para seguir representando dignamente a su rey, de quien nunca dejó de considerarse ministro; pedía dinero sobre todo para papel, tinta, gacetas y portes, porque dejar de escribir a Madrid no podía. En una ocasión llegó a mandar tres cartas larguísimas con la misma fecha, y en las dos últimas confiesa sucesivamente que, recién entregada al correo la anterior, se ha acordado de cosas que dejó por decir y que siente necesidad de aclarar y puntualizar. No sabía él que, al margen de casi todas estas cartas suyas aparece, generalmente de puño y letra del confesor del rey, una nota brevísima y desganada que indica que no habían sido siquiera leídas. Esta nota suele ser textualmente: «No contestar a Macanaz». Porque, de hecho, no le contestaban casi nunca, pero él no lo tenía en cuenta, ni siquiera parecía querer entenderlo. Entenderlo hubiera sido un primer paso para aceptarlo. Y él nunca aceptó lo que le había pasado.

Absolutamente incapacitado para plegarse a la realidad, se negó a tener en cuenta las variaciones que el panorama político había introducido en Madrid desde que él faltaba de allí, siguió dirigiéndose a las personas tal como eran cuando él las había dejado y no perdió la esperanza de reavivar en ellas –o en las que iban sustituyéndolas en sus cargos– el recuerdo de la enorme injusticia que con él se había cometido, injusticia que era, de rechazo, un atentado contra las regalías y derechos de la corona. Su *Memorial de los 55 párrafos,* origen fundamental de su choque con la Inquisición, había sido en el año 1713 el primer intento serio de remover una serie de rutinas, amparándose en las cuales venía el Santo Oficio minando de antiguo el poder real y extendiendo sus prerrogativas a materias que no eran de incumbencia religiosa. El hecho de que Felipe V, que había empezado animándolo en su labor innovadora, lo hubiese luego dejado caer, Macanaz no lo veía tanto como una ingratitud para con él cuanto como ceguera, debilidad y retroceso en la postura enérgica que un rey del XVIII debía tomar para zanjar competencias con la Iglesia. A lo largo de decenios, sus prolijos avisos y consejos, desde Pau, desde Lieja, desde París, desde Cambray, desde Soissons, desde Breda y más tarde desde la prisión de La Coruña habían de constituir un azote para la corte de Madrid, que recibía aquellas cantinelas como si fueran los ayes de un fantasma del que hubiera preferido olvidarse. Sin desánimo ni interrupción, sin importarle que le contestaran o le dejaran de contestar, Macanaz continuaba escribiendo y empeorando con su machaconería totalmente impolítica su situación frente a la Inquisición, enterada al detalle por medio de los confesores reales de las diatribas de esta correspondencia.

En una de aquellas cartas demenciales y obsesivas de su vejez, escrita en París, me parece, Macanaz, una mañana, me habló por primera vez directamente. Estaba yo leyendo la carta con cierta desgana porque venía repitiendo lo mismo, que la política de contemporización con la Santa Sede no había hecho más que torcer el derrotero tomado por los negocios bajo su ministerio, que había que mantener a raya a la Inquisición; en fin, el machaconeo de siempre pero más deshilvanado, y en una letra tenue y evaporada, temblorosa, quién sabe si dirigida por un puño agarrotado de frío. De pronto el hilo del discurso se le fue por completo y tuvo una ráfaga de lucidez, se quedó mirando al futuro de sus papeles, tuvo miedo a la caducidad de cuanto estaba diciendo, miedo de estar hablando en el vacío, para nadie. Era la primera vez que yo lo veía así, y me sobrecogió. Le vi asomar la cabeza, sacarla fuera de aquellos montajes con que se había venido defendiendo, y mirar hacia el futuro, mirarme a mí, a quién si no. Entonces fue cuando me dijo que acaso aquello que venía escribiendo con tanta urgencia no lo iba a recoger nunca nadie, que aquellas líneas se iban a quedar para siempre sin destinatario, me lo decía como para que se lo desmintiese. Era una mañana de sol. Recuerdo que durante mucho rato, a través de la ventana del castillo donde también Macanaz en sus años de auge había estado revolviendo papeles muchas veces, me quedé mirando fijamente el campo de la provincia de Valladolid, concretamente un cerro bajito que se dibuja a la derecha y al cual luego subí algunas tardes. En aquel momento juré fidelidad a «mi muerto» con la misma seriedad con que podía habérsela jurado delante de un altar, supe que solo me tenía a mí y que yo, desde luego, no le fallaría. Aquella carta arrugada y pequeñita, sin noticias interesantes de ningún tipo, obsesiva y absurda, perdida entre el denso hojaldre de otras iguales en el corazón de un legajo voluminoso y abrumador estaba dirigida a mí, por el simple hecho de que jamás la habría leído nadie. También yo hubiera podido no toparme con ella o haberla empezado sin terminarla, sin llegar a aquella frase que me estaba destinada; en esta vida todo es casual, de acuerdo, pero el caso es que la leí y que significó mi vinculación definitiva con Macanaz. De tal manera, pues, que su sospecha de estar desangrándose en papeles inútiles, aquel sentir quebrada momentáneamente su razón de existir, aquella ráfaga de miedo a dejar de perdurar, fueron factores mucho más influyentes para mi compromiso que el peso de tantas retahílas cargadas de razón y cuajadas a diestro y siniestro de citas que apoyaban y daban solidez a su criterio.

Desde aquel día entré de la mano de Macanaz en su vejez, me desarmé de recelos e impaciencias, decidí dejarme llevar por las ramas de aquella historia sin pensar si iba a tener final o no, me metí de hoz y coz en la forma y el ritmo con que él me la fue contando. Y de este modo, a medida que me iba entregando él la memoria de sus cosas y me sentía erigida cada vez más fatalmente en su testamentario, me iba acostumbrando a verlo desenfocado, alejado de la precisión y la univocidad, y se configuraba así la amistad que tuvimos en sus últimos años, ese tomarnos uno a otro como éramos, yo ignorante, él confuso, una amistad sedante y balsámica como las que se contraen a veces en ciertos viajes o en establecimientos balnearios. Nos hicimos un bien mutuo. Su trato me sacó de la prisa, y de muchas melancolías y agobios personales, aparte de los viajes que me llevó a emprender y las personas, vivas y muertas, que con ocasión suya conocí.

En 1969, y como resultado final de estas complicadas relaciones con Macanaz, de las que he intentado hacer breve resumen, di los últimos toques a mi libro *El proceso de Macanaz* (Madrid, 1970), de 390 páginas, donde quedan mejor explicadas las cosas, para el que quiera tener más cumplida noticia de mi viejo amigo.

Terminaré diciendo que cuando el estudioso ve, por una parte, la realidad histórica de España desde 1715 a 1769 tal como se la cuentan los relatos más objetivos que puedan existir, y la confronta, por otra, con la visión que de esta misma realidad se empeñaba en tener y seguir teniendo Macanaz, no sabe cuál de las dos versiones elegir, porque, dada –hasta un punto increíble– la circunstancialidad de los acontecimientos que iban teniendo lugar en la corte de Madrid, no puede por menos de verlos tan accesorios y fantasmales como los proyectos que bullían –esos al menos de un modo decidido– en la cabeza del viejo y desquiciado ministro hellinense cuyo tricentenario se ha celebrado este año.

*Revista de Occidente,* enero de 1971

# Un aviso: ha muerto Ignacio Aldecoa

Poco antes de caer fulminado por la muerte, de llegar a ese vertiginoso tránsito que lo convirtió de persona en cosa, Ignacio Aldecoa se miró con susto las manos y dijo a los amigos que estaban con él: «Esto es un aviso». Fueron casi sus últimas palabras. Parece que se refería a un hormigueo que sintió en los dedos. Era su premonición de muerte.

Tantas historias de bandoleros, de piratas, de gitanos, de toreros, de guardias civiles, de pescadores, de *gangsters*, de mozos muertos en riña, de guerrilleros; tantas como conocía, contaba, leía e imaginaba, tantas como escribió y se le quedaron por escribir, tantos poemas y canciones con aquella constante de la muerte que ronda al héroe pero que nunca se abate, con todo, sobre él, por muy veloz que caiga, sin dejarle ese angustioso respiro del aviso, esos instantes para que pueda volver los ojos a un paisaje, a un amigo; todas esas historias y canciones, aunque estaban a punto de borrarse definitivamente del archivo de su memoria, tal vez tuvieron un postrer eco en ella todavía cuando supo en su carne que de verdad la muerte avisa y sintió estar conociendo brutalmente, como de un encontronazo, la premonición suya, la que a él le había venido designada. Quién sabe en qué tertulia de café, en las palabras de qué médico amigo, en qué revista o libro y sobre todo en qué día había detenido él la atención sobre este fenómeno del hormigueo de los dedos detallado sin duda en el texto o la voz que le informase ni en qué rincón de su mente repleta de noticias, proyectos y recuerdos hallaría cobijo desde entonces para ser albergado, mezclado en revoltijo –como en esos cajones de fármacos que no se determina uno a tirar– con otras nociones y recetas de medicina, posiblemente en zona no lejana de aquella en que diera cabida a relatos familiares de muertes repentinas, a imágenes de terror y de misterio, a su propia levadura literaria tocante a asuntos de muerte.

> *Cuatro disparos de alerta*
> *despertaron a Chicago.*
> *Larrigan rio su muerte*
> *mirando al cielo al soslayo;*
> *Larrigan cayó de espaldas*
> *junto a la puerta de un banco.*

Estas cosas escribía Ignacio Aldecoa por los primeros años del cuarenta, cuando yo lo conocí en la Facultad de Letras de Salamanca. Nos gustaba mucho a los amigos de entonces, todos entre los diecisiete y los veinte años, esta historia del pistolero Larrigan y la recitábamos mientras tomábamos el sol apoyados en la barandilla de piedra del palacio de Anaya, entre clase y clase, o cuando íbamos a remar en grupo al río. Eran versos que ni siquiera solía anotar en papeles, que nos traía de viva voz en sus fugaces y tan deseadas apariciones por clase, y en todos ellos apuntaba la vena narrativa, aquel irónico despego suyo de espectador, de cronista.

Los versos de los otros amigos –y todos escribíamos versos entonces– no los recitábamos en alta voz; eran versos de cuchicheo íntimo para ser leídos en casa. Hablaban preferentemente de congojas del ánimo, de preocupaciones metafísicas, y poco después vinieron a ver la luz en la primera revista donde yo colaboré asiduamente, *Trabajos y Días*, revista provinciana hecha por universitarios a la que Ignacio no se asomó nunca. Tal vez se había ido ya de Salamanca cuando apareció el primer número; no me acuerdo, pero es lo mismo. Creo que no hubiera colaborado en ella de todas maneras, igual que nunca venía a las sesiones de teatro ni a las lecturas en los seminarios ni a las conferencias ni a nada de lo que oliese a cultura impuesta. Era su característica esencial desde los diecisiete años: aquel desprecio por la cultura masiva, por los estilos vigentes. Aunque posiblemente la palabra desprecio es inadecuada, o al menos conviene puntualizar que no se trataba de un desprecio ostentoso. Simplemente no le divertía, no jugaba a eso; él iba por libre.

No siendo para él, yo creo que para todos los demás la Universidad representaba entonces, en mayor o menor medida, un refugio sagrado, y estábamos dentro de ella armoniosamente recogidos, como en un cenáculo que nos hermanaba. Ni siquiera nuestro compañero de curso, el zamorano Agustín García Calvo, que con el tiempo ha venido a tomar posturas tan extremas con relación a los métodos de enseñanza al uso, consideraba la Universidad por aquellos años con distancia ni despego alguno; si le apuntaba ya alguna de sus peculiaridades de «oveja negra» era, con todo, oveja amamantada a los pechos de la universidad, predilecta del exigente profesor Tovar desde el primer día.

Estoy hablando del curso 1943-1944, tan cerca aún del final de la guerra que con los primeros foxes lentos de Bonet de San Pedro, con el *Raska yu* y las coplas densas de argumento de Conchita Piquer, todavía se cantaba la Chaparrita. A Ignacio le gustaba mucho esta canción que yo sabía y sigo sabiendo de memoria, y él fue quien me dijo que esta *Chaparrita* que a mí me evocaba juegos infantiles había sido para los soldados que habían muerto en la reciente contienda nacional una especie de madrina de guerra mítica, personaje inexistente y a la vez totalmente real como la famosa Lili Marlen para los alemanes. Y aunque me quedé un poco sorprendida de que me explicase estas cosas un muchacho solamente unos meses mayor que yo, su voz era convincente y seria como la de uno que hubiera estado soñando con la Chaparrita desde las trincheras, y por eso le presté absoluto crédito.

La guerra casi nadie la mentaba entonces, ni para bien ni para mal, si bien en nuestras casas resultaba este silencio de la pesadumbre por tantas catástrofes y del deseo de conjurarlas, mientras que allí en la facultad era poco o nada sintomático, un rasgo de inconsciencia propio de la edad que teníamos. No eran tiempos de politización como ahora sino de olvido. Éramos dieciséis alumnos en primero de Comunes, recuerdo el nombre y el rostro de todos, de muchos incluso su procedencia familiar y cosas que contaban de su infancia. Dieciséis, parece mentira; cuatro mil se han matriculado en Comunes este curso 1969-1970 en Barcelona.

Ya digo que Ignacio aparecía poco por clase, pero lo curioso es que tampoco lo veíamos mucho fuera de ella. En una ocasión vino y nos arrastró a una pelea de bolas de nieve delante de la catedral, a los que queríamos hacer novillos como a los que no, razón por la cual durante mucho tiempo le he estado asociando a la impresión de fiesta que producen las nevadas; otra vez fui de espectadora a un partido de fútbol de aficionados que jugó por las eras. De cuando en cuando aparecía en el paseo de la una en la plaza Mayor y se nos acercaba a otra amiga y a mí con conocidos suyos que nos presentaba, generalmente vascos y casi siempre de Medicina, «chicos fuertes y guapos –como decía él–, que es lo que necesitáis, y no tantos gafitas».

Pero esta era solamente una pequeña muestra de su gama de amistades. Por ejemplo, iba bastante con hombres maduros e incluso viejos. Y con esto queda apuntada otra de sus características: la de que nunca se sintió determinado por las barreras exclusivas de su tiempo ni enclaustrado en generación alguna. Sentía una gran solidaridad y simpatía por la gente mayor, sobre todo si sabía conversar. Con el catedrático de Historia del Arte, don Ángel de Apraiz, que era de Vitoria como él y amigo de su padre, se le veía paseando con frecuencia y sentado en cafés de la Plaza, hablando y venga a hablar. Pero este señor, a quien yo supongo que el padre de Ignacio debía de escribir alguna vez pidiéndole noticias del hijo, perdía su pista tantas veces como nosotros y nos preguntaba muchos días en clase que si alguno le había visto. No; cuando uno le había dejado de ver, los demás tampoco lo habían visto. Le echábamos de menos mucho, yo creo que sobre todo las chicas, y sus reapariciones eran algo muy alegre. En el casino, donde se bailaba los jueves y los domingos, no ponía los pies, a nadie llamó nunca por teléfono para pedirle unos apuntes o cosa por el estilo, no tenía parientes en Salamanca. ¿Dónde se metía? Y él se reía y hacía la comedia del hombre disipado y misterioso: había estado por ahí de crápula con gente fascinante y viciosa, con marqueses venidos a menos, con meretrices, con bufones, con ladrones de guante blanco perseguidos por la justicia, con tahúres, ralea que se oculta, animales de noche. Y solo de tarde en tarde acababa hablándonos un poco de verdad de sus amigos no universitarios, una colección de gente que a nosotros apenas nos interesaba entonces, embebidos como estábamos en el descubrimiento de la cultura escrita, gente de carne y hueso, en cuya compañía se formaba y de la que sacaba savia para sus historias. Un detalle, por ejemplo: alguno de nosotros hubiera dado lo que no tenía por conocer a Saussure, otro a Rafael Alberti, otro, acaso, a aquella mujer joven que acababa de ganar el primer Premio Nadal en Barcelona y que venía retratada en la portada de su novela sonriéndonos desde un mundo que, yo al menos, sentía tan distante e inaccesible. Pues nada, Ignacio por lo que hubiera dado cualquier cosa es por hacer una gira a provincias con Rambal y ser amigo suyo. Para él la llegada de Rambal era lo más importante que pasaba en Salamanca, ni conciertos ni conferencias ni nada se le podía comparar y se esforzaba por convencernos de ello a los demás. Fuimos juntos a verlo al Liceo en dos temporadas sucesivas, y uno de los años a un palco a todas las funciones seguidas que dio, por este orden, si mal no recuerdo: *Genoveva de Brabante*, *José María el Tempranilla*, *El mártir del Calvario* y *Rebeca*, que, por cierto, a poco arde el teatro Liceo con el incendio final de Manderly, porque aquel

Rambal se atrevía con todo. Casi todos los espectadores que llenaban el teatro acababan de llegar de pueblos del contorno, y algunas de aquellas mujeres con pañuelo a la cabeza en el momento cumbre de morir Jesucristo caían de rodillas, mientras Rambal desde la cruz desclavaba una mano y saludaba. Gente culta, o por mejor decir gente «bien», apenas venía a verlo. No era de buen gusto. Trabucazos, caballos piafantes, el fondo del mar con buzos, la última cena, un castillo en llamas; una espectacularidad tan variopinta, disparatada y exenta de pedantería entusiasmaba a Ignacio arrancándole, con la risa, comentarios de entusiasmo y respeto por la increíble labor de aquel hombre que él consideraba un genio y que empezaba a estar marginado y superado incluso en provincias.

Aprobados los dos primeros cursos de Comunes, a base de apretar un poco en mayo, Aldecoa desapareció de Salamanca.

Como no había hecho capillita con nadie, no dejó amigos íntimos y perdimos su rastro. Yo no sabía –como sé ahora– que era el primer escritor con que me había topado en la vida, pero aquella preferencia suya por los temas del riesgo y de la gente que vive a cuerpo limpio, aquella distancia alegre para narrarlos me habían impresionado y, a veces cuando menos lo esperaba, se me venían a la cabeza su voz y sus palabras:

*Larrigan, mi rubio amigo,*
*el gángster de mejor mano,*
*rey de la corte del hampa, dime:*
*¿por qué te mataron?*

Era una voz diferente de las demás. Nadie iba por ese registro de la épica, de los romances de ciego, de las canciones de corro. Y no me extrañó, pues, que no se citase nunca el nombre de Ignacio Aldecoa entre el de los poetas que prometían. Como no me extraña ahora tampoco. Él iba para prosista y en la corriente lírica imperante desafinaban completamente sus temas de inspiración y su estilo de vida.

Era el auge de la colección Adonais. Todos comprábamos libros de poesía, se los regalábamos a los amigos o los llevábamos en el bolsillo. Nadie que quisiera acreditarse como persona sensible o interesar a otra del sexo contrario dejaba de mostrar un libro de poesía o regalarlo. Pero, además, nos pasábamos unos a otros nuestros propios papelitos, practicando el famoso «si me lees te leo», porque raro era el estudiante de cualquier facultad que, junto con una cultura poética no clásica ni mucho menos, sino actual, ceñida a unos pocos nombres de anteguerra y postguerra, no quisiera ser poeta él también y no tratase de echar su cuarto a espadas, su vaguedad, su lágrima en la general lamentación subjetiva, en el río inabarcable de aquellas composiciones

sembradas con tanta frecuencia del vocati-
vo «oh, Señor». Era una lírica presidida por
el afán de buscar la verdad y la trascenden-
cia buceando en recuerdos y emociones
personales, y yo creo que casi nadie más o
menos tácitamente dejaba de tener a Dios
por interlocutor definido.

El maestro de este estilo era un muchacho que estudiaba en Madrid, de cuyo
triunfo como poeta jovencísimo pronto nos
llegaron los ecos. Se llamaba José María
Valverde; acababa de publicar, con un prólogo elogiosísimo de don Dámaso Alonso,
su primer libro *Hombre de Dios*, y poco
después tuvimos ocasión de conocerlo porque vino, siendo aún estudiante de nuestra
edad, a dar una conferencia a Salamanca.
Aquello fue un verdadero acontecimiento,
mucha gente tuvo que oír la conferencia de
pie y todos queríamos hablar con él. Ahora,
después de tantos años, pienso si este pre-
dicamento de la poesía entre los estudiantes

por los años cuarenta no podría compararse con el entusiasmo que despierta hoy la llamada «canción protesta»; pues, aun haciendo las salvedades pertinentes, ya que no recuerdo que nadie se abalanzase sobre José María Valverde para pedirle autógrafos, su persona y su visita estuvieron sin duda marcadas por cierto carisma de un matiz no muy diverso del que aureola a Raimon, por ejemplo, en sus apariciones ante los estudiantes avanzados de hoy.

Cuando a finales del año 1948 vine a Madrid para hacer mi doctorado de Románicas, pude convencerme de algo que había atisbado desde la provincia, a causa sobre todo de que el propio José María Valverde, que se hizo muy amigo mío, me lo había dejado entrever en sus cartas: los poetas de Madrid formaban un gremio coherente, no andaban desperdigados unos de otros. Contribuía mucho a aglutinarlos un hecho al parecer anecdótico pero, a mi modo de ver, fundamental. Tenían un amigo mayor en torno al cual agruparse para hablar de poesía, una especie de padre de los poetas que, por la circunstancia de estar delicado y tener que hacer muchas horas de reposo, recibía con agrado a cualquier aficionado madrileño, barcelonés, provinciano o hispanoamericano que llamara a su puerta en busca de orientación y portador de originales. Yo también lo visité. Eran como las visitas a un pariente influyente y benévolo. Mirándolo allí sentado en el jardín de su chalé con la manta sobre las rodillas, escuchando su voz persuasiva y afable, retiraba uno la impresión de estar perteneciendo ya un poco a la grey que él pastoreaba. Desde el vértice de un mundo estructurado ya, Vicente Aleixandre ponía en contacto a los poetas dispersos, les brindaba nombres de publicaciones, señas, noticias; era una especie de baluarte que había quedado en pie después de la guerra, depositario de la memoria de los desaparecidos y de la correspondencia de los ausentes; y los que iban surgiendo a él se reenganchaban. Me parece importante destacar esto: la poesía se reanudaba después de la guerra, tomaba el rumbo que fuera, pero se reanudaba.

¿Ocurría lo mismo con la prosa? Hay que decir que no. Yo misma, aun cuando me considerase informada de bastantes cosas, no tenía ni idea de lo que pasaba con la novela contemporánea, y los futuros prosistas, aquel grupo de amigos y coetáneos de Ignacio Aldecoa en que me vine a ver incorporada a mi llegada a Madrid, andaban como a tientas, partiendo de cero, hechos un puro tanteo, sin atreverse todavía a pasar del cuento –aun cuando ya Ignacio supiese muy bien por dónde se andaba en tal género–, descubriendo por libre, por separado y las más de las veces por casualidad a narradores acreditados en otros países. De la misma manera que a mi padre y no a la universidad debo yo la lectura de Galdós, Clarín y Baroja, a Ignacio y a sus amigos les fui debiendo en años sucesivos el conocimiento de Truman Capote, Kafka, Steinbeck, Dos Passos, Sartre, Pavese, Hemingway, Melville, Conrad, Svevo y Camus, autores poco frecuentes en las librerías de entonces, hallazgos que alentaban y enviaban desde lejos inesperadas sugerencias.

Es bien sabido que Pío Baroja recibía a la camilla de su cuarto de estar a quien le quisiera ir a ver, pero a nadie que soñase con meterse a novelista creo que tales visitas le confortasen mucho. Dice Juan Benet que cuando era estudiante fue a verlo con frecuencia, que no estaba al tanto de ninguna moda literaria ni solía enterarse siquiera de quiénes eran aquellos contertulios tan dispares y esporádicos que aparecían por su casa.

Y, desde luego, el oficio de escritor a secas tardó bastante en tenerse de pie y alcanzar un mínimo de prestigio. Recuerdo todavía que en la boda de Aldecoa, por el año 1952, creo, su madre, al enterarse de que yo pensaba casarme con un amigo de él, me preguntó que qué era mi novio. Le dije que escritor; lo decía con cierta timidez, parecía un atributo muy desnudo. «¿También? ¡Ay, pobre!», se limitó a decir conmiseradamente.

En la novela de posguerra había habido dos brotes aislados y representativos: Cela y Carmen Laforet, estudiados hoy machaconamente por los alumnos extranjeros que vienen a España. Yo leí, aún en Salamanca, sus primeros libros, de 1942 y 1944 respectivamente, pero, aunque me gustaron, no ejercieron fuerza de magisterio sobre mis preferencias, que, siguiendo la moda a que antes aludí de auscultar las propias emociones, derivaban hacia la poesía. Cultivaba la prosa, pero como no miraba de verdad alrededor mío ni hablaba con rigor de las cosas que tenía al alcance, era más bien prosa poética, sin validez propiamente narrativa, que solo en los primeros años cincuenta, después de la creación de *Revista Española,* logré alcanzar en parte.

Con una composición bastante lacrimosa me despedí de *Trabajos y Días* y de Salamanca en el año 1948, terminada mi licenciatura de Románicas, y no era muy diferente el tono del primer artículo que publiqué al llegar a Madrid en *La Hora.* Estaba la redacción de este periódico en Alcalá, 44, en ese local que conserva un gran yugo con sus flechas tapando casi la fachada. Ignacio y sus amigos tenían conocidos en aquel despacho y muchas veces caíamos por allí, ya que era un sitio céntrico, a dejar algún recado a otros o a dar algún sablazo. Tanto esta revista como *Alférez* conservaban una retórica falangista, incluso en sus dibujos, y están unidas a mis primeros recuerdos de Madrid. Mi artículo, que se titulaba «Vuestra prisa», trataba de desahogar la impresión de desarraigo que me había producido la gran urbe y era bastante pretencioso. Mis nuevos amigos, que no vacilaban en decir siempre lo que pensaban, se rieron un poco de él y me dijeron que no era para tanto. Pero cuando me dijeron esto, ya la sensación de desarraigo se me había aliviado mucho precisamente por el hecho de que me venían a buscar y me admitían con ellos.

Eran las personas que me había ido presentando Ignacio Aldecoa, del que me había olvidado casi por completo, a raíz de un jubiloso reencuentro que tuvimos en los pasillos de la ciudad universitaria, adonde yo había venido a hacer los cursillos del doctorado. En los pasillos primero, claro, porque él a clase seguía sin entrar mucho. Y acto seguido en una celebración en el bar, que me hizo faltar a todas mis clases de aquella mañana. Y así empezó todo. Yo traía una gran moral de estudio y muchos proyectos. Le dije el tema de mi tesis: los cancioneros gallegos del siglo XIII. Se extrañó mucho de que me hubiera remontado a tiempos tan brumosos. Él no había acabado la carrera. Y también sus amigos, Sastre, Ferlosio, Fernández Santos, Medardo Fraile, estaban atrasados o repetían curso, cosa que ni a él ni a los demás parecía preocuparles nada. Creo que casi ninguno acabó la carrera. Luego, en días, años y meses sucesivos fui conociendo a otros amigos y amigos de sus amigos, gente no universitaria, o de otros estudios, o de ninguno, gente de teatro, de periódico, de taberna, de café, de cine, pintores, algún poeta. La nota común de todos ellos era que parecían despreciar los proyectos y que les gustaba mucho contar cosas. Para qué voy a decir nombres. Casi todas las caras tan tristes que he visto el otro día en el cementerio las he conocido en épocas diferentes, pero a través de caminos que más o menos directamente llevan todos a Ignacio, el amigo más antiguo que me quedaba en Madrid, el que más ha influido en mi vida.

Y era entonces gente callejera, sobre todo gente que vivía al raso y al día, sin mucho entusiasmo por nada, pero alegres, dándose unos a otros aquella poca compañía de la conversación lenta y sosegada, con horas de tarde y noche por delante. Amigos a los que fui perdiendo la pista en etapas diferentes porque se adentraron, aunque con pereza, en aquel futuro que conjurábamos mediante una copla que solíamos cantar muchas veces cuando no teníamos dinero:

> *Sentaíto en la escalera*
> *esperando el porvenir,*
> *pero el porvenir no llega.*

Copla que ya no me acuerdo cuándo empecé a cantar con ellos con convicción, abandonados aquellos remordimientos de buena estudiante que piensa que pasear y beber vino y oír historias es estar perdiendo un poco el tiempo, rota aquella barrera de superioridad y pena con que al principio los miraba, a pesar de que me eran simpáticos. Andaba yo detrás de una beca del Consejo Superior de Investigaciones Científicas y todas las tardes iba a trabajar en mi tesis a la biblioteca de la calle Medinaceli. Pero se me fueron desbaratando los buenos propósitos, porque rara era la tarde que no aparecían Ignacio y otros amigos a buscarme para sacarme de allí, para lanzarme a la calle, que era su sitio, y que empezó a ser poco a poco también el mío. Venían hacia las siete o a veces antes, y todavía solía haber luz, no habían cerrado las oficinas y había que acompañar a alguno de los amigos que tenían que hacer alguna inconcreta diligencia que les daba pereza cumplir solos. También íbamos a reclutar a más gente y contábamos el dinero reunido entre todos, que solía ser poco. Qué poco hacía falta, de todas maneras. Para unos vasos de vino, los de aquella tarde. Pronto me acostumbré a considerar que aquella era mi gente en Madrid, a habitar el tiempo al ritmo que ellos lo habitaban, y fui deponiendo mis reservas y remordimientos. Me enseñaron a mirar las cosas despacio, a interesarme por la gente, aprendí sus poesías y leí sus relatos.

Nunca bebíamos *whisky* ni ginebra; siempre vino y café. En locales muy modestos y sobre todo sin televisión, que no existía. Había muchos por los alrededores de la calle de San Marcos, que es donde estaba la pensión de Ignacio; aquel era nuestro barrio, nuestra casbah, como la llamábamos, Augusto Figueroa, Libertad, Infantas. Por muchos de aquellos locales, hoy desaparecidos, donde no se bebía más que vino, a lo sumo con algunas aceitunas, vino y aceitunas que se dejaron a deber tantas veces, se fue quedando empantanada y hecha añicos mi vocación universitaria, dada de lado definitivamente. Allí, junto con mi amigo de la adolescencia, que recitaba siempre con broma alguno de sus sonetos al vino de *Todavía la vida*, que cantaba el corrido de Juan Charrasqueado o aquel tango de Gardel:

*Fume, compadre, fume y charlemos,*
*y mientras fuma recordaremos*
*que con el humo de un cigarrillo,*
*ay, se nos va la juventud.*

El amigo más antiguo que me quedaba en Madrid y cuya muerte ha entrado a saco como un viento despiadado en el arca de estos recuerdos que parecía aún temprano para revisar. Eran asuntos pendientes, cuentas sin ordenar; se sabía que les llegaría la hora de salir a relucir, pero daba miedo, y ahora hay que hacerles cara, cada uno desde donde podamos y como podamos.

Porque la muerte, ese hachazo fulminante que le hizo decir a Ignacio cuando la sintió abatirse sobre su cabeza «esto es un aviso», es también un manotazo de aviso que se ha desatado sobre nosotros, los amigos de su edad. Y creo que todos lo hemos entendido como tal.

Ha muerto Ignacio Aldecoa: los años cuarenta y cincuenta, lo queramos o no, empiezan a ser historia.

*La Estafeta Literaria*, noviembre de 1969

# Bibliografía

## Novela

*Entre visillos*, Barcelona, Destino, 1958 (Premio Nadal 1957).

*Ritmo lento*, Barcelona, Seix Barral, 1963 (finalista del Premio Biblioteca Breve 1962).

*Retahílas*, Barcelona, Destino, 1974.

*Fragmentos de interior*, Barcelona, Destino, 1976.

*El cuarto de atrás*, Barcelona, Destino, 1978 (Premio Nacional de Narrativa).

*Caperucita en Manhattan*, Madrid, Siruela, 1990.

*Nubosidad variable*, Barcelona, Anagrama, 1992.

*La Reina de las Nieves*, Barcelona, Anagrama, 1994.

*Lo raro es vivir*, Barcelona, Anagrama, 1996.

*Irse de casa*, Barcelona, Anagrama, 1998.

*Los parentescos*, Barcelona, Anagrama, 2001 (inconclusa).

## Compilaciones de relatos y novelas cortas

*El balneario*, Clavileño, Madrid, 1955 (Premio Café Gijón 1954).

*Las ataduras*, Barcelona, Destino, 1960.

*El pastel del diablo*, Barcelona, Lumen, 1985.

*Dos relatos fantásticos*, Barcelona, Lumen, 1986 (incluye el relato «El castillo de las tres murallas», 1981).

*Dos cuentos maravillosos*, Madrid, Siruela, 1998.

## Ensayo

*El proceso de Macanaz: historia de un empapelamiento*, Madrid, Moneda y Crédito, Madrid, 1970.

*Usos amorosos del dieciocho en España*, Madrid, Siglo Veintiuno, 1973.

*El conde de Guadalhorce, su época y su labor*, Madrid, Colegio de Ingenieros de Caminos, Canales y Puertos, 1976.

*El cuento de nunca acabar (notas sobre la narración, el amor y la mentira)*, Madrid, Trieste, 1983.

*Usos amorosos de la postguerra española*, Barcelona, Anagrama, 1987 (Premio Anagrama de Ensayo 1987)

*Desde la ventana: enfoque femenino de la literatura española*, Madrid, Espasa-Calpe, 1987.

*Vida cotidiana en tiempos de Goya* (con Natacha Seseña y Gonzalo Anes), Madrid, Lunwerg, 1996.

## Poesía

*A rachas*, Madrid, Hiperión, 1976.

*Todo es un cuento roto en Nueva York*, Málaga, Torre de Gálata, 1986.

*Después de todo. Poesía a rachas*, Madrid, Hiperión, 1993 (antología con prólogo de Jesús Munárriz).

*Poemas*, Barcelona, Plaza y Janés, 2001.

*A rachas. Poesía reunida*, Madrid, La Bella Varsovia, 2023 (ed. a cargo de José Teruel).


## Otros

*La búsqueda de interlocutor y otras búsquedas*, Madrid, Nostromo, 1973 (artículos).

*Agua pasada. Artículos, prólogos y discursos*, Barcelona, Anagrama, 1993 (miscelánea).

*Esperando el porvenir. Homenaje a Ignacio Aldecoa*, Madrid, Siruela, 1994 (conferencias).

*La hermana pequeña*, Barcelona, Anagrama, 1999 (teatro).

*Cuadernos de todo*, Barcelona, Random House Mondadori, 2002 (diario).

*Coto cerrado de mi memoria*, Salamanca, Consorcio de Salamanca, 2002 (relato corto).

*Pido la palabra*, Barcelona, Anagrama, 2002 (conferencias).

*Visión de Nueva York*, Madrid, Siruela, 2005 (diario de viajes).

*Tirando del hilo. Artículos 1949-2000*, Madrid, Siruela, 2006.

*El libro de la fiebre*, Madrid, Siruela, 2007 (diario).

*Correspondencia* (con Juan Benet), Barcelona, Galaxia Gutenberg, 2011.

«Para viajar lejos no hay mejor nave que un libro».

EMILY DICKINSON

# Gracias por tu lectura de este libro.

En **penguinlibros.club** encontrarás las mejores
recomendaciones de lectura.

Únete a nuestra comunidad y viaja con nosotros.

**penguinlibros.club**

 penguinlibros